El silencio de los días

Yovanny Ferrer Lozano

Aliar ediciones

Corrección: Eladia Guerrero
Diseño de cubierta: Jaime Galisteo
Maquetación: Aliar Ediciones

Depósito Legal: GR 1624-2024
ISBN: 978-84-10374-99-7

Impreso en España

Edita
ALIAR Ediciones
www.aliarediciones.es
info@aliarediciones.es

El silencio de los días

Yovanny Ferrer Lozano

Para Ale, Beatriz y Sofía, por esta y todas las vidas.
En medio de la nada nos une un puente,
un mismo silencio.

Arrastrados por el río de las imágenes, rozamos las orillas del puro existir y adivinamos un estado de unidad, de final reunión con nuestro ser y con el ser del mundo. Incapaz de oponer diques a la marea, la conciencia vacila. Y de pronto todo desemboca en una imagen final. Un mundo nos cierra el paso: volvemos al silencio.

Octavio Paz

El silencio es infinito como el movimiento, no tiene límites
(...) los limites los pone la palabra.

Marcel Marceau

los fieles y sus pasos

(ley del Tao)

Lo que espero de mí
invalida toda percepción posible

es mi miseria
la que argumenta esta sed
de coexistir.

(palabras en *off*)

a las puertas del primer círculo o machacando en baja

La tierra es una marioneta
llena de luces que invocan al prójimo
de cada hereje nace una masacre
mero juego de números
que crece tenue
en los desmayos del telón.
Arquímedes no conoció
las fórmulas de la gravitación
la ley de convertir en agua
todos nuestros sueños.
En esta arca se separa la historia
los eclipses en pleno manicomio
oficio errante de la moda
en el vórtice
alguien puede mentir
repetir las siglas hasta cansarse
un cartel cambiará de tiempo
no sé quién soy
ni dónde anduve
he perdido la vida
tarareando salmos
deshojando flores silvestres
apretujo los filamentos del hongo
los dedos sobre la baba del
gusanillo.

Me culpo por haber faltado a
                                        las nupcias
al salón donde cambiamos de máscaras
machacando en baja el cuerno cetrino
andaba la jauría
perdida en la procreación
como en el primer día
en la soledad del tiempo
que inútilmente nos desgarra.

bajo la piel

Esta carta anuncia la llegada del invierno
promesa de cumplir el fratricidio
libando
                polvo a polvo
la rica historia de una ciudad
bidón de bautizarnos con la sal de nuestras
                                pieles
carnadas que el tiempo ensaya.
Soy tan judío
tan pecador de encierro
fugaz concierto de la hojarasca.
Muerto el elegido
la isla viste su dermis
transparencia pruriginosa
                              hígado inventado cada amanecer
humo en el ebrio humano que defiende su vida
desde la frialdad del cautiverio
el vientre
            hueco
                      despierta
y no es la paz
sino voces que devoran la lumbre.
Conduzco el destino de esta isla
devoro cada paso de su historia
prófugo el elegido que espera
no importan los otros

la llovizna
un minuto
el humo sádico y estéril.

verticalidad

Salve la distancia
el color de estas tierras
el fugaz motivo
de convertirnos en otros insectos
(he vuelto)
pude ser el asterisco
de los que nunca regresan
de los que callan
la tarde.
Recuerdo el parecido del miedo
con las náuseas
y alcoholes
que inventan la espera.
Catulo
los silbidos asustan tus sábanas
el universo calla
los recuerdos son enanos
encerrados en mi encierro
                    retratos manchados
arqueadas en la juerga de la simplicidad.
Oficio de ángeles
andar estos bares
estas visiones de derivas y náufragos convictos
palabras en la boca
del niño
hecho padre

hecho mierda
entre la mierda
revoloteada de lumbres
minúsculos proyectiles
que ahondan su lecho
¡hedor de vivos!
en el levante
del mártir
del holocausto
TOP SECRET
top Catulo
y su lira dulce
humeante
como un café de fin de siglo
entre granos de maíz
y palomillas de mármol
pútrido
pasmoso.
Verticalidad
en el camino
de marcar las anémonas
tengo tanta suerte
tanto miedo de perder
las manos
en la marca
vulgar
de la suerte.

He vuelto
  insecto
      hombre
los que callan
      verticalidad
parecen extrañados
del revolotear perenne
del levitar pausado
entre palmadas y gritos
fragmentos de bares
reciprocidad
del lecho
con siglas de hierro hirviente.
Hombre único
serás tan único Catulo
que tus sirvientes
labrarán sus uñas
con lágrimas poseídas
por el diablo
      más diablo
después de tu muerte.

estatuas mojadas

Cigarrillos   humo   sorbos
incendio nocturno
sobre el encierro mágico del lienzo.
El hombre es un hábito que visto con orgullo
camino de La Concordia
silbo con mi *GLORY NON TOXIC*
                    conforms to ASTM bajo el brazo
sabor a *clown* frustrado
                pasillo de tap
penitente humildad de mis admiradores
aplauden   aplauden
                el gramófono emite el sonido chirriante de las
                                                                        bombas
                las estatuas invocan a la lluvia
creen que sigo a un ángel
que no despertará mientras lo espere.

Harvard University

Triste flor solitaria, sin otras emociones
que contemplar su sombra en el agua.
Mallarmé

Los amigos de las cuerdas andan descalzos
retocan con sus dagas
los rostros confundidos en el agua
sombrillas deformes que semejan el temblor en
                                        mi cuerpo
al borde del abrevadero hurgan sus relojes
inventan estocadas para amar el tedio
ser prójimos   no simples estelas de niebla
que tejen sus bufandas
e invocan perdón.
Universidad de genios y oficios pobres
palabras
            pocas palabras
limosnas ensartadas al final de la mesa
cosidas en la piel
llevadas de hospicio en hospicio como una
                                        huella inviolable
¡tantos suicidios!
tanta rabia adormecida en las manos
y un pañuelo para lustrar el trazo de la flor.
Penden las cuerdas
Harvard es la ciudad que sueñan.

dádiva de un hombre desnudo

En estas cavernas desayuné mis ropas
vociferé la fiebre de tus senos
como un crepúsculo de profesiones diversas
de seres minúsculos que soplan sus narices
enterradas en las calles del pasado pueblo
(aventura milagrosa de procrear otra ebriedad).
El mar reseca las carnes
el mar bendito en las nupcias del diablo
notas que pudieran ser el resuello
pecado donde guardo mi equipaje
al sur el Grand Prix de ahorcados
y su Conferencia Anual de Sexualidad
en la tercera edad
en la edad de los soles
y las tintoreras lloran cromos por las ropas
            embadurnadas de sal.
Nacerán mis ojos en este valle
un hombre desnudo corre hasta el infinito
no calla
la agonía desova en cada enlace dendrítico
crea señora en sus músculos
en su preferencia de soles inexistentes
el último beso es una parodia del *kitsch*
un minuto no conlleva al crepúsculo
cae el semen
andará en fragmentos el poco mar que habito

hombre-tiniebla
que en un rincón arde
vacía su copa
     bebe
                bebe un poco más
acecha la galaxia con música de fondo
                la
              gota
          espumosa
                cae
su sombra resguarda la mitad inaccesible de la vida
otro trago
las juergas perdonan mi impotencia
reportaje fabricado al vuelo
el extraño dormita
bebe su figura de un golpe
calla el estallido
de cruces que revientan la garganta
no está perdido
las alas cosidas a los peces
desacreditarán la homilía
un hombre desnudo salta del lecho
mientras su furia estéril
entre la mierda arde.

street-tese

Giselle arde en sus muñecos del primer año
¿dónde estarán las lumbres que guarda
el apuesto galán de las pestañas?
Brindemos con fe
por este extraño baile
donde los pecadores no aprenden.
La inflación rasgará sus ropas
escombros de la infanta que espera
que tiembla
apenas un roce de siglo
un batir de alas
un circo de bestias que destruyen sus labios.
¡Ay, del profeta que rompe cortinas
sobre las sombras de la isla!
A la deriva de las falsas escrituras
los libros   ángel
los libros   diablo
leyes escritas, con otros signos, otros nombres
no seré yo quien desove su insomnio
he nombrado las cosas para no perdernos
el hurto es un pretexto
un viaje viril hacia el tercer coito
panes crujientes de sobremesa
mientras los símiles cargan sus cuerpos
salto para habitar la carne del escriba
venta de ojos

y manos endebles
que posaron como hojas para turistas.
Giselle no cree en su danza
en la multitud como río
que vocifera extasiada.
Las partituras destruyen los rieles
por esta escala podrá sentarse a mi lado
cortar los dedos
el fuego del vellocino.
Giselle busca al Dios
que perdone a sus hijos
el cuarzo distorsiona el lunetario
nacidos bajo el zodíaco
APLAUSOS
la diva alarga su piel más allá de la cerca
se agrietan sus senos plomizos,
endurecidos por el oficio del baile,
los ateos deshojan anémonas
esperan trenes que nunca llegarán
Grand Pas de Deux
corchea en el ritmo de las libélulas
Grand Pas de Deux
Giselle se vierte el pecho encima
mama como una condenada a muerte
los patriarcas gimen de placer
en el teatro gozan lo verosímil del acto
la pureza de la leche en su ir y venir
Giselle confiesa que será
el último baile.

curriculum vitae

La ventisca es un pretexto
señuelo de la marea
castillos construidos por la lumbre
(alza una llama y quema el arcoíris
que tatuó el guerrero en la despedida)
sangre del mortal que fingimos poseer
LLUEVE
diluvio de nuestras pasiones
diluvio de nuestros pretextos
del horizonte fugaz
el vigía observa sus huellas en el amanecer de las parábolas
rostro delirante del místico
como si despertar fuera un minuto de miedo:
        nacer   morir
           mecer el aliento   y soplar
SOPLAR   d e s p a c i o
espera eterna de la manzana
—mordidas a nuestros semejantes—
una gota para sobrevolar el cuerpo del guerrero
olor a siglos que rodean mi alcoba
pintando este mundo que llaman
CREPÚSCULO
que tiembla
CREPÚSCULO
¡BIENVENIDO AL MUNDO DE LOS
                                                  INVISIBLES!

(los que miran por encima y lamentan su suerte
los que graban sus nombres en la arena
y luchan contra la marea para que no los lleve)
Curriculum vitae:
juego triste despertar de todas las fronteras
                                        del espíritu del hombre
si el sudor de mi aliento
no es aliento
sino náuseas del renacer
capiteles de bronce
pórticos sirios
inquisición del sexo mediocre
  ¿YO quién soy?
declinante cenit sobre la piedra
  ¿dónde colocar tanto amor
                                  tanto odio?
los recuerdos son virutas de pan
talan las arias dentro del bolsillo
bebo estos vinos sobre el aura del cuerpo
MIEDO
de tener y no tener
las pascuas
  silbando
en esta hora de trajes
soledad que castra al penitente.

el éxodo

La suerte está echada
nos iremos abajo
e
n

l
a

c
a
í
d
a

¿quién querrá las ropas?
¿quién se acabará con las penas
que tengo prestadas a esta muchacha
sin más recursos que los puntos?
En el verso un cuerdo se agota
por burlarse del mundo.
LOS BANDIDOS CAMBIAN DISPAROS
POR pequeñas GOLONDRINAS
sus argumentos estarán ausentes
despacio hemos hecho la tregua
la falta de confianza
la tinta agotada

todos los caminos dirigidos a Roma
las acusaciones
los que vienen despiertos
los que duermen aún
los escrupulosos
los parias
los abstemios
los ángeles
los que hablan demasiado a sus madres
los que olvidan que esto existe en algún lugar de la tierra
detrás de los errores
de los que buscan la suerte
en el éxodo de la memoria.

juegos *aftershave*

declaración única

Pintado para siempre
por otro animal ciego
por otro animal de lengua y vista fija
que se esconde en los dilemas de mi cuerpo
vuelto desde las sombras
para evitar las sombras.
En el pórtico los címbalos resuenan
sumerjo mis labios bajo el agua
intento confesar quien reposa
desaparecen entonces el rostro
los pinceles
la mano que rasga el camino
por donde avanzaran los náufragos

heme aquí, señores del estrado
    estruendo de la gloria
            inmóvil
                    salvaje
opípara cena del creador.

poeta emergente

Mi rostro alucinado
atraviesa el zaguán
ojea las notas
        la cena frívola de otras caras
grabadas sobre el pergamino

vibran los cantores en el interior de mi boca
otra liturgia
otra sed inventada desde los libros
las pupilas mióticas
de quien escribe más allá de la lumbre
para ver la escarcha
el suelo agrietado por las marcas
de muchas hambres
                        mi vocación de fantasma

temo a la felicidad
he sentido al gran pájaro
desgarrando mi cuerpo
sus labios temerosos
perfuman el alba
escriben cartas en lenguas disímiles.

Yo
            personaje diminuto
                            recito mi nombre

cena frívola de otras caras
grabadas sobre el pergamino
ebrio de Dios
elijo el concierto
admiro en mí
                sus cicatrices.

juegos visuales

Clava el gendarme su espada en mi vientre
brotaran baobabs
                    flores silvestres
                                        puñales
sonidos disímiles del fastidioso crepitar contra el hueso

habrá que posar
                    —dice el ilusionista y gime—
lanzarse al ruedo
copulando entre sí como nostálgicos

evado así el terror de saberme frágil,
íntimo,
                    mísero espanto de luz.

aftershave

Ralo el cabello que brota
en el silencio

el cabello pequeño
                                        tierno
en la memoria de este rostro
aferrado a su costumbre de emerger

aun cuando lo nuevo solo sea copia
distorsionada en el espejo.

oda a la contemplación

El hijo acecha la trémula belleza
que es su rostro
la banal y fatídica belleza que encierran
los golpes en su rostro
frota el polen
disimula frente a su perfil
un personaje captado
variación de formas
detalle mísero
que olvidará cuando salga a la calle.

postal de Navidad

Un negro de Harlem
poseso de sus manos
presiente que el mundo
es solo un fragmento de sí

un blanco de Cárdenas
frota sus huevos y cuenta estrellas
bajo las tribunas de un *stadium*
disimula su facies mustia entre los lotos del estanque
al vaivén de los enmascarados en la noche
engrandecidos
por minúsculas epifanías.

one piece

Limosnas
cara hirsuta por el frío
de reunir hueso a hueso
para que *vida* sea un término sujeto a cambios
no un dicho
ventana a la jauría
sables cruzados tras la puerta
chasqueando dedos

por el advenimiento del vértigo
        aplaudo a la sobriedad
al estómago iluso

camino de casa
dos panes y una ilusión
one piece
para toda la familia
        reunida al clamor del saxo barítono.

oración del condenado

Cae la esperma
gota y mano difunden el dolor
dibujan semblantes
siguen el ulular de las sonrisas
atadas a un lunetario frío
¿qué hacer si apenas reconozco los espejos
si mi boca vacía
se busca en cada espasmo?
Afuera el humo y la hoguera no existen
afuera intento ser real
para evadir la duda
la gota que cae y confunde al profano
                    (los unos
                                los ajenos)
enhebro mi arnés
      perdido entre las gentes
                        y sus camisas
sobre un rostro encerrado en la esperma
          tan lejos de las palabras.

retrospectiva

> *De joven copié los cuadros que tenía mi padre. Vendí los originales y los reemplacé por la copia. Nadie se percató de ello y yo descubrí mi vocación.*
>
> **Francis Picabia**

Copias vendidas en la gran subasta
que llevan un mismo nombre
de joven
entraba la tarde diferente en mi ventana
posaba su aliento en mí

entiendo hoy que nunca hubo esa ventana
solo voces
susurros al oído
monedas de mano en mano
para elegir la víspera.

canción de Alberto

Para Alberto Abreu

El deceso del siglo a la entrada de mi boca
quizás no resista despertar en otro oficio.
Hoy es un día difícil para encontrarme.
Robo acentos al lingüista
y escribo la novela más larga del mundo.
Ya no romperé la almohada.
Diré que Adán murió de una enfermedad
                                        venérea
el verdugo quemó sus sueños
quemó mis mantas
mis cuadros.
No soy otro unicornio
me esperan demasiados laberintos.
Un naufragio
es la prueba difícil de volver
(las comemierdas rasparon sus uñas intentando un cerco)
mientras pego afiches
la quietud de la noche
penetra insistentemente
a pesar de los años.

café mezclado

Muestro mis orejas
a los que braman
y exorcizan esta castidad idealizada.

En la taberna
un párroco canta al ser poderoso
que dilata su mano sobre las espadas
para invocar perdón.
El salmo elegido
lustra mi carne
transita de batalla en batalla
inunda las heridas
las tazas humeantes
voces sumisas que entonan cánticos
y animan sus gestos para soñar un mañana.

Entre los cálices
la palabra salvación es esa huella
imperceptible
que en el silencio vaga.

secretos del augur

Un puente
los bellos cuerpos que caen al vacío
parábolas del salto
      el agua
dispersa unida dispersa unida dispersa
desde su toda agua
hasta el fluir de la ropa enchumbada
¿quién acaricia el hado?
¿quién revela
            y evade lo sutil de su encierro?
lo sutil
de su golpe encierro.

sombra soy

proscenio del escriba

Llevo en la espalda el descuido,
estas ganas de ser otro,
fauno soy y no soy potro
volando donde el sonido.
Actor que yace dormido,
el teatro y sus despojos
son solo mantos de hinojos
esparcidos en la niebla.
Ya el escenario se puebla
iluminado en tus ojos.

Rasgan sucesos remotos
inventándome el presente.
¿Acaso evoca la gente
estos pensamientos rotos?
Valen parajes. Los otros
tendrán la suerte escondida,
una coraza, una herida
desangrada en el proscenio,
no existe paz, soy el genio
que se devora la vida.

primera soledad

I

Cuece poeta en tu alma
excelsa luz, fe, mesura
limpia de añil tanta usura
para resarcir la calma.
Inventa un cielo, una palma,
una estampida, un hechizo,
un pensamiento plomizo
en tanto río varado
hurga en tu sed, tuerce el hado
y sumérgete sumiso.

Toma los cabos. Ensarta
poesía - beso - manto
anuda el tiempo. Tu canto
evita exergos. La carta
tras los vitrales se harta
escrita si acaso un día
(beso- manto- poesía)
en un otoño sediento
con los colores del viento
quedase yo: sombra
arpía.

II

Sombra soy, espejo, puerto
donde respiro cansado
cubro mi rostro. Me evado
de esta tentación. He muerto.
Tanta pulcritud, desierto
alumbrando en mi papila.
¿Dónde esconderme, pupila,
si el tiempo inventa una pausa
para renacer sin causa
cuando la razón destila?

A tientas palpo. Me cubro
los rostros por donde anduve
atardecer de querube
bajo el hostal donde rubro.
Este es mi nombre. Descubro
del tiempo su bello sismo.
Soy solsticio, soy el mismo,
un rayo sobre el vitral.
Viento y sombra, soy cristal
marcado por este abismo.

paranoia del puente

¿Dónde el mar, dónde la lumbre,
dónde las alas, tu nombre,
dónde un buen río que asombre,
dónde el pasado y la cumbre?
¿Dónde la misma costumbre
de entrar zafando los broches,
cuartillas vanas, las noches,
dónde se esconden tan solas
cuando aparecen las olas
y no encuentras los reproches?

¿Dónde los días, los meses,
los hijos, tanta locura,
la paciencia, la cordura,
las victorias, los reveses?
¿Dónde el camino si creces
en cada verso que canto?
¿Dónde, poeta, está el llanto,
si escondido en la pobreza
me convierto yo en tu presa
agradeciendo el encanto?

imitación de un cuadro de Fidelio Ponce

Sobre el lienzo un ocre trazo
descubre el tiempo, las luces,
el vello ralo, las cruces
escondidas en mi brazo.
Urge enaltecer acaso
el dolor en sus raíces
rompiendo mis cicatrices.
Alzo el pincel, llueve afuera.
Tantos rostros por la espera
caminan donde son grises.

anagrama del monje

Si olvidas la calma cejo
del ocio su trampa misma
cardos, orugas, sofisma
del canto por donde alejo
el tiempo, un ser tan viejo
con aros baldes mantillas
dádivas en sus orillas
inventan raudas la usura
de tierra sin fin tan dura
sacada de mis costillas.

El alarido traspasa
las márgenes, los poetas
ripios de versos, saetas
encendidas en la brasa.
Tiempo, silencio, mi casa
despierta de voz y oficio
cejo la trampa al inicio
le busco encima la suerte
ellos tiemblan por su muerte
mientras me arrancan el vicio.

cántico del lutier al borde del San Juan

Cambio de rostro, armaduras,
Plácido, Monte, Jacinto,
Heredia, Tula, ¿los pinto?
aprovechan sus locuras
rehacen las notas puras
que en la mañana fenecen
sin voz. En sus alas crecen
desmayos de historia, cauces
invocados por los sauces
que en desvarío se mecen.
En Tirry tras los puntales
horcones, salmos paganos,
se desmiembran de mis manos
atadas como postales
turistas, palabras tales
que ignoro por luz, cordura.
Canta puente. Tu espesura
con sus decires emana
es el suicidio la nana
que mis poetas me auguran.

última nota (a manera de Delfos)

Esquivo el vaho. Castigo
mi mansedumbre. Tu puerta.
¡Oh, talismán! Luz desierta
donde iluminas. ¡Maldigo!
Si ser mortal es postigo,
golpe fugaz sobre el cobre,
sus trampas, mi voz tan pobre
tentando la suerte. Cito:
otro confín inaudito
al reloj que avanza sobre
crines anudadas. Ocio
que envuelve la luz sumisa.
Aparecen en la brisa
los nombres que nunca asocio.
Sálvame letrado bocio
de la mirada que tasa
esta noria que se abraza
del redundar de mi fajo
y me destruye de un tajo
entre la gente que pasa.

desde la nada

desde la nada

el sonido de la cuerda sostenida como una espada de Damocles.
El lutier desenreda sus voces y coloca las palabras sobre la mesa.
LUTIER: Ablandamiento del talento cuando se pone a prueba, el empujón final y

ZASSSSS

nada, la NADA humillante que tanto nos aterra.

Adagios sublimes
cánticos religiosos
coro gigante
estruendos
orates dilacerados por el humo diario del arrepentimiento.
Génesis musical:
. oído
. golpecillos contra el tímpano
. onda mecánica
. rompimiento amnésico
la cuerda vibra
en mi interior enciende la hoguera
tratando de ser esperanza
de andar esperanza
de andar vida y cuerpo
plenitud
dinamismo de la reciprocidad
el lutier canta a la nada como un salvaje
respondemos a coro:

la cuerda vibra
en mi interior enciende la hoguera.

Ya está lista la cítara para ser muestra, objetividad del cuerpo que vuela a otros lares:

. MONJE[1]*
. PUENTE
. PARAÍSO
. ESCRIBA

clásicos ritmos que la postmodernidad dará a conocer para mejores digestiones. Europa agoniza en algún centro hospitalario de LILLE, Adán no es su héroe. Adán solo lame sus marcas como un personaje secundario, *in vitro*, dialéctica frutal del interior a través de las notas que canta:

perdido en la brevedad del
catecismo
bañado en el tedio del ángel solitario
que reposa su vientre de eructos
y carcajadas lingüísticas
hiperbólicas
descojonantes
místicas
(inmerso en el diluvio de perversos
que gotean)

1.*No hay exposición del budismo que no mencione el *Milinda-pañha*, obra apologética del siglo II, que refiere un debate cuyos interlocutores son el rey de Bactriana, Menandro, y el monje Nagasena. Este razona que, así como el carro del rey no es la rueda, ni la caja, ni el eje, ni la lanza, ni el yugo; tampoco el hombre es la materia, la forma, las impresiones, las ideas, los instintos o la conciencia. No es la combinación de esas partes ni existe fuera de ellas.

mientras la aurora travestí
la aurora sin *flash*
ni ánodos y cátodos
danza sobre las cabezas rapadas
del *top-secret*
                    (providential institute)
idoneidad de tus costillas
en el reflejo del germen de la risa
carcajada   carcajada
frugal concierto de voces discretas
                    en la caída del tedio
en la ebriedad del suicida.

(Se apaga el escenario y un haz de luz cae sobre el lutier atontado en la faena de adornar sus piezas. Los actores en sus puestos observan la maniobra).

Música in crescendo

LUTIER: Tentación de ser lo que no es, de ver lo que no es.

PERSONAJE: (*Tarareando*). Simulación, simulación.

PUENTE: (*Mirando pasar las aguas bajo su vientre*). ¿Quién simula a quién?

MONJE: Las sombras de todos que en resumen son partes de las sombras propias. Toda cosa en el cielo inteligible también es cielo.

LUTIER: Almacén espiritual donde la esfinge no sea más que una reprenda por las marcas cosidas, tatuadas en esperma

(cae una gota desde lo alto y quema sus dedos)

como el sánscrito
hebreo
sumerio

religión de Ítaca para enjuiciar al POETA que calla su agonizante libación

tus manos revientan al atardecer
tanteando las copas
el vino cálido
la resaca robusta
como un *thriller*
una sed perdida ante la puerta

(close up)

prurito incontenible de las pieles
prurito de alberca
la brisa en el parpadeo del viento
mece las limosnas
ahoga al mendigo en mil idiomas.
Por favor
  quiébreme los huesos
  absorba el miedo
        que brota indetenible
un sonido
música del prófugo
del penitente
en la abadía del señor de las
                                        escleras.
Un día tendrás otro amante
podrido de pecado
bebedor crónico de la saliva
espesa
        espumosa

espléndida
espeluznante historia
que repite de grados
suspense
un atardecer de manos
y vinos
y *thriller*
y música indetenible
del cegador del césped
en su oficio histriónico y fugaz.

SALMO I: Camino de nosotros mismos en esta tierra de fe y miedos. Universidad donde aprendemos del pan que habremos de comer hasta saciarnos

un árbol
otro árbol
otro

SALMO II: Tengo tantas manos y tantos ojos y tan buena suerte de sentirte cerca, señor.

la clase ha comenzado
la clase
ha comenzado
la clase
viaje de principio a fin
de hermano a hermana
de carne a hueso

de puente a río
a deriva
a lágrima inconclusa
a poeta que carga la ciudad rendida
ciudad despierta
ciudad desierta en pleno atardecer,
en pleno reventar de la calma
de estómagos.
Filosofar filosofar
postrera solubilidad de nuestras imágenes.
Dios hizo al hombre a imagen y semejanza.
Dios es el hombre perfecto,
la imagen perfecta.

ESCRIBA: He soñado ser Dios
(sube el martillo).
MONJE: Lo mejor que puede suceder a un joven de tu edad

cacarean las gallinas
el gallo tiembla sin cesar
éxtasis de su sexo
endemoniado
la multitud chilla
la multitud solloza
la multitud canta
el Edén es una vastedad de fieras
que lamen las marcas
del crucificado

una hincada de lanza
un trébol robusto puebla la
                  serpentina
disputa de lóbregos y sonámbulos
                              malolientes
el Edén
diablo juicioso de costumbres
                                eróticas
y sandalias húmedas
del río diurno
que transita entre almas frágiles:
pecadores ex profeso
vírgenes de compromisos turbios
y disfraces corrientes.
Está tendida la siesta
todos expiran el nauseabundo
grito del reloj
        que calla
        que siente
la acechante fiereza del náufrago.

Pascalidad __________ Primera Ley de reacción adversa

(*toma panorámica*)

un cuerpo ————→ otro cuerpo

ESCRIBA: ¿Cómo decir en voz alta que para mí es algo oscuro?

escenario donde la vida es vida, donde el que percibe no es más que una prolongación de la NADA
(acercamiento *a un primer plano)*
el calor de la perdición en la opípara cena del diablo, exorcismo de versos en el vaso de vino, en la cebada que habita el corazón del hombre
                una puerta que abrir
                                siempre una puerta
PERSONAJE: No has pensado que la salvación de los mulos es una desgracia de Dios.

Eva laceró la fruta prohibida
cada pedazo dio una vida nueva
un sabor distinto a su humeante
        virginidad.
La ciencia es otra cosa
la misma fruta
y su don de páramo infinito.
Excepto Eva
ya nadie puede tocar el límite del
                        miedo
quedaron solo árboles
rodeados de escamas,
nadie pensó que a nosotros
(eslabones roídos de su error)

también nos gustaría
comer manzanas.

Esta tierra añora sus profetas, Adán no es su héroe.
LUTIER: ¿Qué sentiría el clérigo ante su confesor?
ESCRIBA: ... Sorpresa, sobresalto, asombro, fascinación, deslumbramiento, extrañeza...
la paridad del hombre
un hombre impar es un ser obsoleto, postrer regalo de la finura a la aspereza de sus gustos, su única opción sobrevivir bajo la vida

(los asistentes levantan sus manos)

el ciego juega a armar un rompecabezas, las fichas aciertan
¿el ciego acierta?

PARAÍSO: (*Cabizbajo hasta entonces*). Es la visión interna del objeto dimensionada a otra latitud más perfecta que el ciego mismo.

¿Qué intelecto une al ciego con sus costumbres?
¿Qué pretexta su libertad de acción, de mentir?

Da lo que quieras.
Adán no es el esclavo para estos
trabajos sucios
en la rivera las gaviotas
limpian su casa de pretextos
y fingidos orgasmos.

Adán no es la ley
ni siquiera el héroe prendido al
espejo
corredor fugaz
en su agonía de haltera en celo,
de máximo merecedor del premio
páginas aparte del diario
vespertino
de la ciudad que mima las
pezuñas
del bípedo galán
PARAMOUNT PICTURE
un grito
PRESENTS:
al rey desnudo
en el acto supremo de la razón
mientras fornica a empujones
con la sombra sedienta de su
muerte.

[Podrían tomarse los acontecimientos como algo SATÁNICO. Satánico es una palabra muy fuerte para juzgar algo creíblemente humano. La historia tendría su raíz en la última fase anal y primera fase fálica de la libido (puro psicoanálisis)].

¡Algarabía!
desde La Habana
han enviado un tren

cargado de flores   cargado de esperanzas
una ideología cruza el río
resumen de peces
y algas
el mosto de las costas
con su hedor de mundo
puerta   al manicomio
Brazada
Brazada
Brazada
¡Fortín del norte
para recibir al visitante!
(saliva *continua)*
FUEGO
Altazor a la vista
ancla al fondo
FUEGO
un poeta
recorre a salvas la distancia
de las lenguas
Fotos
Fotos
Fotos
qué mejor recuerdo
qué mejor bandera
qué mejor desgarro de la mente

MONJE: Deberíamos irnos

el puente levantado de nuevo sobre los escombros (paso entre el acá y el más allá, entre lo vivo y lo muerto) blasfema:

TO BE OR NOT TO BE

Materia o in-materia
Materia o elementos figurativos de la nada

¿qué puede el silencio si la cuerda pende oscilante sobre su cabeza?
¿qué puede el poeta si sus escrituras pasaran a la NADA como huellas estrábicas de su ignorada profesión?

(la luz desciende a medida que transcurre la acción)

PUENTE: Siento las sombras bajo mis puntales.
ESCRIBA: *(Tendido en el piso).* Nuestras sombras.
PERSONAJE: *To kalon khalapon*[2]**
y tanto hedor revoloteando en los bolsillos como una estación distante, una pausa milagrosa del YO tendido ante la niebla.

SIMULACIÓN SIMULACIÓN

una puerta que abrir
siempre una puerta

obliteras las huellas que el

2.** *To kalon khalapon*: «Lo bello es difícil», proverbio ateniense.

desasosiego
midió con sus palabras
(otro acuerdo)
hemos tensado la vida desde todos
lados
para que nadie fingiera ser lo otro
lo esperado
imagen profética del talento.
Una ciudad y un hombre
una ciudad
y un hombre
una
ciudad
y
un
hombre
huellas frescas del invierno
que urgente ha llegado al rescate
de nuestros silencios.

Índice

Este libro se terminó de editar en Granada
en noviembre de 2024 por

Aliarediciones

www.aliarediciones.es
info@aliarediciones.es